# LOS OSOS GRIZZLY

*Marilyn Woolley y Keith Pigdon*

MONDO

# ¿Cómo es un oso grizzly?

El oso grizzly es un animal muy GRANDE. Es un tipo de oso pardo.

*Puede pesar hasta 800 libras (363 kilogramos).*

*Tiene una gran joroba sobre sus hombros.*

*Tiene patas grandes y planas.*

*Su pelaje está punteado con pelos de color más claro. Esto hace que se vea pardo o disparejo.*

*Tiene mandíbulas grandes y poderosas.*

*Las garras tienen de 4 a 6 pulgadas (100 a 150 milímetros) de largo.*

*Cuando está parado, el oso grizzly puede medir más de 7 pies (2 metros) de alto.*

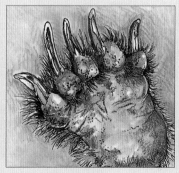

*Tiene gruesas almohadillas en las plantas de las patas.*

## ¿Qué hace un oso grizzly en el año?

El oso pasa aproximadamente siete meses del año comiendo toda la comida que puede. Engorda mucho. En invierno, cuando la nieve cubre el suelo, hay muy poca comida. El oso pasa este tiempo en una guarida. No come ni bebe. Vive de la grasa de su cuerpo. Las osas grizzly dan a luz a sus crías en la guarida.

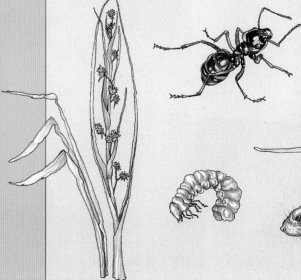

*peces, ardillas terrestres, marmotas, flores (lupinos), raíces, tallos, mariposas nocturnas*

*Lo que los osos grizzly comen en primavera y verano.*

*Las hembras dan a luz a sus crías durante este período.*

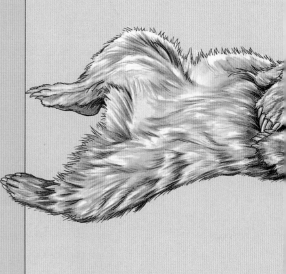

4

| Mayo | Junio | Julio | Agosto |
|---|---|---|---|

ratones, ratas de campo,
hierba, juncos, hormigas,
larvas de insectos

arándonos rojos, gayubas, sapindus,
arándanos azules, becerros de alce y ciervo

PRIMAVERA    VERANO

INVIERNO    OTOÑO

Cavan un túnel y pasan los meses
fríos en una guarida. Los osos
grizzly duermen en una cama
hecha de hojas, hierba y musgo.

5

| Diciembre | Noviembre | Octubre | Septiembre |
|---|---|---|---|

# ¿Cómo cuida la madre a sus crías?

1. Las crías de los osos grizzly nacen dentro de la guarida en noviembre. Son muy pequeñas (pesan aproximadamente 1 libra o 500 gramos), ciegas e indefensas. Beben la leche de sus madres.

*Los cachorros todavía se alimentan de la leche de su madre a los 6 meses de edad.*

2. En abril, cuando los oseznos salen con su madre, pesan aproximadamente 5 libras (2 ¼ kilogramos). La madre todavía los alimenta con leche, pero también les da bayas, plantas, pescado y animales.

## 3. Los oseznos son muy juguetones.

*Llevan ramas y pedazos de roca y hielo de un lado a otro.*

*Pelean y luchan.*

*Se corretean.*

4. En su primer octubre, los oseznos pesan 100 libras (45 kilogramos). Están muy gordos y pronto van a una guarida con su madre para pasar el invierno.

5. En primavera, salen de la guarida y comienzan a comer nuevamente. Se quedan con su madre por más de dos años. Cuando está lista para volver a aparearse, la madre echa a los oseznos para que se vayan.

6. Los osos jóvenes
generalmente siguen
juntos durante un
tiempo. Más adelante,
se separan y viven
solos.

# ¿Qué necesita un oso grizzly?

Ya que come tanta comida,
el oso necesita mucho territorio.

También necesita que lo dejen en paz.

# ¿Por qué están en peligro los osos grizzly?

Cabalgatas

Pastoreo de ganado

Cría de ovejas

Pesca

Cuando la gente llega y usa la tierra,
los osos grizzly se van o mueren.

Caza, senderismo y otros deportes

Minería

No.6 CUIDADO CON LOS CAMIONES

Tala de árboles

Los osos grizzly están en peligro.

**ALASKA**
(Estados Unidos)

**CANADÁ**

**ESTADOS UNIDOS**

**CLAVE**

*Dónde se encuentran
los osos grizzly*

**MÉXICO**

Los osos grizzly sólo se encuentran en
Norteamérica. Más de la mitad vive en
Alaska. Algunos viven en áreas protegidas
de Montana, Idaho, Washington y en
algunas partes de Canadá.

Hay gente que se preocupa por el
bienestar de los osos grizzly.
En 1983, los niños de las escuelas
secundarias de Montana demostraron
que el oso es importante al pedir
que se convirtiera en el animal de su
estado. Ahora, el oso grizzly es un
animal especial en los Estados Unidos.

# Bear Country

**All Wildlife Is Dangerous
Do Not Approach or Feed**

*Este anuncio le pide a la gente que no moleste a los osos.*

Maureen Enns es una artista de Canadá
que pinta cuadros para que la gente pueda
aprender más sobre estos animales.

*Maureen Enns
trabajando en un
área donde hay
osos grizzly.*

¿Qué puedes hacer para
demostrar que los osos
grizzly te importan?